BEI GRIN MACHT SICH IHR
WISSEN BEZAHLT

AF150069

- Wir veröffentlichen Ihre Hausarbeit,
  Bachelor- und Masterarbeit

- Ihr eigenes eBook und Buch -
  weltweit in allen wichtigen Shops

- Verdienen Sie an jedem Verkauf

Jetzt bei www.GRIN.com hochladen
und kostenlos publizieren

Bibliografische Information der Deutschen Nationalbibliothek:

Die Deutsche Bibliothek verzeichnet diese Publikation in der Deutschen National-bibliografie; detaillierte bibliografische Daten sind im Internet über http://dnb.d-nb.de/ abrufbar.

Impressum:

Copyright © 2015 GRIN Verlag, Open Publishing GmbH
Druck und Bindung: Books on Demand GmbH, Norderstedt Germany
ISBN: 978-3-668-03553-9

Dieses Buch bei GRIN:

http://www.grin.com/de/e-book/305548/web-analytics-grundlagen-und-massnah-menfindung

Matthias Neuwersch

Web Analytics. Grundlagen und Maßnahmenfindung

GRIN Verlag

GRIN - Your knowledge has value

Der GRIN Verlag publiziert seit 1998 wissenschaftliche Arbeiten von Studenten, Hochschullehrern und anderen Akademikern als eBook und gedrucktes Buch. Die Verlagswebsite www.grin.com ist die ideale Plattform zur Veröffentlichung von Hausarbeiten, Abschlussarbeiten, wissenschaftlichen Aufsätzen, Dissertationen und Fachbüchern.

Besuchen Sie uns im Internet:

http://www.grin.com/

http://www.facebook.com/grincom

http://www.twitter.com/grin_com

Fachhochschul-Masterstudiengang
INFORMATION ENGINEERING AND MANAGEMENT
4232 Hagenberg, Austria

Web Analytics
Get the most out of your web application

Seminararbeit

Zum
Seminar aus Information
Management

Eingereicht von

Matthias Neuwersch, BA

Hagenberg, Juni 2015

Kurzfassung

Web Analytics beschäftigt sich mit der Aufbereitung und Auswertung von Interaktionsdaten, die während der Benutzung von Web Applikationen generiert werden. In der Praxis beschränkt sich die Auswertung häufig nur auf die Besucherzahlen. Um Web Analytics sinnvoll zu betreiben, müssen zunächst die Anschaffungsgründe der Web Applikation durchleuchtet werden. Erst wenn konkrete Ziele für eine Web Applikation definiert sind (bspw. der Verkauf von Produkten über einen Web Shop), können Web Analysten die entsprechenden KPIs definieren und die Zielerreichung messen. Web Analytics kann durch diverse Hilfsmittel, wie etwa A/B-Tests mit Echtzeitüberwachung, zur Optimierung von Web Applikationen verwendet werden. Die Investition in eine Web Applikation kann durch eine Verknüpfung der Daten mit monetären Unternehmenswerten einer Rentabilitätsprüfung sowie auch einer Effizienzanalyse unterzogen werden. Während bei einer Rentabilitätsprüfung häufig der ROI ermittelt wird, dient eine Effizienzanalyse zum Vergleich der Web Applikation zu anderen Kommunikationskanälen. Durch effektives Betreiben von Web Analytics können wesentliche Entscheidungen faktengetrieben – also auf Basis von konkreten Messwerten – getroffen werden. Dieser Mehrwert kann zu günstigeren Entscheidungen und einem höheren Beitrag zum Unternehmenserfolg führen.

Inhaltsverzeichnis

Abbildungsverzeichnis

1 Einleitung

Im Folgenden werden die Motivation und Ziele der vorliegenden Arbeit, sowie ein Überblick über den Aufbau der Arbeit gegeben.

1.1 Motivation

Im digitalen Werbezeitalter ist es nicht mehr nötig, nach Erfahrungs- und Schätzwerten zu handeln. Welche Plakatwand mehr Blicke auf sich zieht, kann nur geschätzt werden. Wie viele Zuhörer einen Radiospot hören, wird hochgerechnet. Der Konsum von Online-Kampagnen hingegen kann mit Hilfe von Web Analytics auf den Klick genau gemessen werden. Überdies stehen die Daten in Echtzeit zur Verfügung, also bereits während Benutzer die Website besuchen. Die Messung durch Web Analytics bietet darüber hinaus Aufschlüsse über das Benutzerverhalten, zeigt häufige Absprungstellen auf, ermöglicht den direkten Erfolgsvergleich von Werbemaßnahmen und kann auch das Nutzerinteresse einzelner Themen oder Produkte visualisieren. Marketing Entscheidungen können mit Web Analytics somit faktengetrieben getroffen werden.

Obwohl Web Analytics keine Neuheit mehr ist, wird noch immer viel zu wenig Gebrauch davon gemacht. Viele Analysen beschränken sich auf die Besucherzahlen. Dabei entsprechen diese oft nicht der Realität (Reese, 2009, S. 22-23). Die Motivation zu dieser Arbeit besteht darin, das Potential von Web Analytics und die damit einhergehenden Möglichkeiten zur Verbesserung der Marketingmaßnahmen zu erheben.

Jeder Webauftritt erfüllt für seinen Betreiber einen bestimmten Zweck. Unabhängig davon, ob er als ein Vertriebsmittel, als eine Informationsquelle oder als eine Kontaktmöglichkeit dient, kann der individuelle Zweck durch Web Analytics besser erfüllt werden. Die Analyse gibt Aufschlüsse über die Menschen hinter den Endgeräten. Dieses Wissen kann Betreibern dabei helfen, ihren Webauftritt zu optimieren.

„Web Analytics hat zum Ziel, den Empfänger einer übers Internet gesendeten Botschaft besser kennen zu lernen, den Menschen dahinter zu sehen, ihn zu verstehen und zukünftige Botschaften präziser auf ihn abzustimmen" (Hassler, 2012, S. 27).

Die Form der Botschaft ist dabei laut Hassler individuell zu erheben – Web Analytics kann für sämtliche Online-Marketingmaßnahmen angewandt werden.

1.2   Ziele

Ziel dieser Arbeit ist es, das Potential von Web Analytics aufzuzeigen und Bewusstsein dafür zu schaffen, welchen Mehrwert Unternehmen daraus gewinnen können. Die Erkenntnisse sollen zur faktengetriebenen Maßnahmenfindung für Online-Kampagnen anregen und den Lesern einen Leitfaden für wirkungsvolle Webanalyse liefern. Mit Hilfe dieser Arbeit soll es den Lesern vereinfacht werden, ihre eigenen Kampagnen hinsichtlich ihrer individuellen Zweckerfüllung zu bewerten und zu optimieren.

1.3   Aufbau der Arbeit

Das zweite Kapitel dient zur Einführung in die Grundlagen, die zum Verständnis der weiteren Kapitel vorausgesetzt werden. Im dritten Kapitel werden die Kernvoraussetzungen für faktengetriebene Maßnahmenfindung im Detail erhoben. Dieses Kapitel beinhaltet Informationen zur Optimierung von Web Applikationen sowie zur Erfolgsbewertung mittels Web Analytics. Im vierten Kapitel werden die Ergebnisse der Arbeit zusammen getragen. Es wird ein Leitfaden mit Handlungsempfehlungen bereitgestellt, der Betreibern von Web Applikationen bei der Einführung oder Verbesserung ihres Web Analytics Systems helfen soll. Abschließend werden Zukunftsaussichten als Ankerpunkt für weiterführende Arbeiten bereitgestellt.

2 Grundlagen und Begriffsbestimmungen

Das folgende Kapitel dient zur Einführung in die Grundlagen der Thematik sowie zur Erläuterung verwendeter Begriffe. Diese dienen zum besseren Verständnis der behandelten Themen. Hierin gesetzte Schwerpunkte werden in den weiteren Kapiteln nicht näher erklärt.

2.1   Web Analytics

Unter Web Analytics versteht man die Analyse von statistischen Daten, die beim Benutzen von Webapplikationen automatisch generiert und gesammelt werden. Im Wesentlichen verfolgt man dabei, wie und wohin sich die Benutzer in einer Applikation fortbewegen. Eine Website ist ein Konstrukt aus mehreren mit einander verknüpften Inhalten, die eine Funktion erfüllen sollen (erklären, überzeugen, verkaufen, unterhalten, etc.). Diese Verknüpfungen (Links) sind dazu vorgesehen, Benutzer an die richtigen Stellen der Website zu führen. Jede Aktion des Benutzers, wie z.b. das Navigieren zu einem anderen Bereich der Website über einen Link, wird mitgespeichert. Dazu kommen noch Meta-Daten wie bspw. Zeitmessungen, die Aufschluss darüber geben, wie lange sich ein Benutzer wo aufgehalten hat. Ein Web Analyst hat die Aufgabe, diese gesammelten Daten auszuwerten und daraufhin Rückschlüsse auf unterschiedliche Qualitätsmerkmale der Website zu ziehen. (Haberich, 2012, S. 108-111).

2.2   Metriken in der Web Analyse

In der Praxis stehen den Analysten große Datenbündel zur Verfügung, die zur Analyse verwendet werden können. Diese Daten können unterschiedliche Sachverhalte darstellen – es ist wichtig, die Aussage einer Zahl über das Benutzerverhalten zu verstehen. Der große Vorteil dieser Form von Kampagnen Analyse ist, dass die Daten automatisch generiert werden und dabei sehr genau und verlässlich sind. Wichtig ist es zu verstehen, dass Kennzahlen die Grundlage für die Web Analyse bilden, und wie man die richtigen Kennzahlen auswählt.

„A metric is a quantitative measurement of statistics describing events or trends on a website. A key performance indicator (KPI) is a metric that helps you understand how you are doing against your objectives." (Kaushik, 2010, S. 37).

Nach Kaushik werden Metriken demnach dafür verwendet, um Events oder Trends auf einer Website aufzuzeigen. Kaushik erwähnt sogenannte „Key performance indicators" (Deutsch: Schlüssel Leistungskennzahlen), die näheren Aufschluss über die Leistung unter Bezugnahme der Ziele und Investitionsgründe für die Webapplikation geben.

„That last word – objectives – is critical to something being called a KPI, which is also why KPIs tend to be unique to each company." (Kaushik, 2010, S. 37).

Kaushik hebt die Bedeutung von "objectives", also den gesetzten Zielen, dem eigentlichen Existenzgrund der Webapplikation stark hervor. Webapplikationen haben unterschiedliche Ziele, wie bspw. Direktverkäufe über einen Webshop oder das Anheuern neuer Mitarbeiter. Da jede Webapplikation andere Ziele hat, können die KPIs für jedes Unternehmen und jede Webapplikation andere Kennzahlen sein. Es gilt, die KPIs für jede Webapplikation eigens zu erkennen, und bei der Web Analyse zu berücksichtigen. Die Investition in eine neue Webapplikation verfolgt ein klares Ziel. Für eine hilfreiche Web Analyse ist es essenziell, die Metriken der Web Analyse zu kennen und zu verstehen.

Neben den KPIs gibt es einige Standard Metriken, die eine sehr breite Anwendung finden. Die bekanntesten davon sind Hits, Seitenaufrufe, Besuche und Besucher. Hits bezeichnen den Aufruf einer Datei am Webserver. Sie sind eine der ältesten Metriken und können dort sinnvoll sein, wo noch reine HTML-Dateien ganze Seiten auf dem Webauftritt repräsentieren. In einem solchen Konstrukt ist ein Hit quasi mit einem Seitenaufruf gleichzusetzen (Hassler, 2012, S. 89-91). Seitenaufrufe (englisch: Page Views) haben sich aber nach und nach als bessere Messgröße etabliert, da sie dezidiert Auskunft über das Ansteuern eines konkreten Teilbereichs der Web Applikation geben. Doch auch Seitenaufrufe können ein verzerrtes Bild liefern, wenn bspw. Inhalte asynchron, also ohne neuerlichen Seitenaufruf, nachgeladen werden (Hassler, 2012, S. 91-93).

[4]

Besuche (englisch: Visits) beschreiben den Nutzungsverlauf eines Besuchers. Ein Besuch ist abgeschlossen, wenn der Besucher die Applikation beendet oder verlässt. Die Anzahl der Besuche kann Auskunft darüber geben, ob viele Besucher die Web Applikation benutzen, oder, ob wenige die Benutzer die Web Applikation häufig benutzen. Es ist demnach empfehlenswert, auch die Besucher (englisch: Visitors) zu betrachten. Diese Metrik beschreibt die Anzahl einzelner Personen, die die Web Applikation Benutzen. Ein Besucher kann also mehreren Besuchen zugeordnet sein. Wichtig ist, dass Suchmaschinen und andere automatisierte Aufrufer der Applikation nicht als Besucher gelten. Erst in Kombination mit den Besuchern kann man die Metrik „Besuche" korrekt interpretieren. Die Besucherzahl für sich gibt bspw. Aufschluss über die Reichweite der Web Applikation. Einzelne Besucher werden aber auch für die Auswertung von Benutzerfluss Verhalten (auf welchem Weg navigieren Besucher durch die Webapplikation und wo steigen sie aus) und der Einteilung in neue Besucher und wiederkehrende Besucher verwendet. Hervorzuheben ist, dass die Metrik „wiederkehrende Besucher" ihre Aussage für einen spezifizierten Zeitraum macht und daher nicht über mehrere Zeiträume hinweg summiert werden darf. (Hassler, 2012, S. 94-100).

2.3 Werkzeuge

Die Kernaufgabe der Web Analyse ist es, Daten, die durch Interaktionen von Benutzern mit der Webapplikation generiert werden, zu bewerten und daraus Rückschlüsse zu ziehen. Diese Daten werden durch Werkzeuge generiert, die zuerst in das System integriert werden müssen. Web Analytics Werkzeuge generieren aber nicht nur Daten, sie bereiten diese zur Speicherung auf und unterstützen die Analysten auch bei der Auswertung. Um die richtige Werkzeugwahl zu treffen, sollten diese Funktionen berücksichtigt werden. Im Folgenden werden die drei Kernaufgaben von Werkzeugen, sowie Unterschiede in der Erfüllung der Aufgaben näher erläutert.

Je nach Werkzeug kann eine andere Methode zur Datensammlung Verwendung finden. Dieser Aufgabenbereich ist essentiell für ein gutes Analysewerkzeug, da Daten, die nicht gesammelt werden, später auch nicht ausgewertet werden können. Zudem können falsche Daten zu falschen Rückschlüssen führen. Die Qualität und

Vielfalt der gesammelten Daten liefert demnach das Fundament für die Webanalyse. Daten werden nach aktuellem Standard auf folgende Arten generiert:

- Serverseitig mittels Logfile
- Clientseitig mittels Page Tagging
- Alternativ bspw. mittels Packet Sniffing

Reese (2009, S. 212) fasst die Vorteile von server- und client-basierten Verfahren folgendermaßen zusammen:

Vorteile server-basiert	Vorteile client-basiert
offene Datenstruktur	reichere Daten
Erfassung von Suchmaschinen-Bots, Fehler-Codes, Serverlast	präzise Daten (Vermeidung von Cache- und Proxy-Problematik)
sind fast immer schon vorhanden	Cookie-Nutzung auch ohne Server-Zugriff
	Variablenzuweisung komfortabler

Abbildung 1 - Vorteile von server- und client-basierten Verfahren

Je nach Ansatz – und das ist für die Auswertung einflussgebend – werden andere Besucherinformationen gesammelt. Dieser Umstand sollte bei der Wahl des richtigen Werkzeuges unbedingt berücksichtigt werden. (Hassler, 2012, S. 43-45; Reese, 2009, S. 196-216).

Nachdem die Interaktionsdaten generiert wurden, werden diese vorverarbeitet und gespeichert. Bei vielgenutzten Web Applikationen können die benötigten Speichermengen auf lange Sicht sehr groß ausfallen. Auch dieser Punkt ist bei der Auswahl des richtigen Werkzeuges interessant. Das wesentliche Unterscheidungsmerkmal unterschiedlicher Werkzeuge ist hierbei die Datenspeicherung. Während manche Hersteller die Speicherung den Endanwendern überlassen (also in deren lokalen Domänen), bieten andere Hersteller Web Analytics als Dienst an, der über das Internet bezogen werden kann. Die richtige Wahl hängt also unter anderem auch von der Infrastruktur der Anwender ab. (Hassler, 2012, S. 65-70).

[6]

Die oben betrachteten Aufgaben von Web Analytics Werkzeugen laufen eher unbemerkt im Hintergrund ab. Die Auswertung der Daten hingegen ist der sichtbarste Teil eines Web Analytics Systems. Analysten arbeiten mit der Anwendungsoberfläche, um die Daten zu interpretieren und zu verwerten. Die meisten Werkzeuge bieten ein vorkonfiguriertes Set an Berichten und Graphen, die die prominentesten Daten repräsentieren. Je nach Werkzeug können Analysten aber auch individuelle Berichte erstellen lassen, die ihren eigenen Anwendungszwecken entsprechen. (Hassler, 2012, S. 77)

Die Aufbereitung des Userinterface ist ein wesentliches Qualitätsmerkmal für Web Analytics Werkzeuge. Es soll Analysten bei der Auswertung unterstützen indem es den Prozess beschleunigt und vereinfacht. Qualitätskriterien dafür sind unter anderem ein übersichtliches Dashboard (Übersichtsseite, die Aufschluss über die wichtigsten Metriken auf einen Blick gibt), verständliche Graphen, Erweiterbar- bzw. Individualisierbarkeit, Exportiermöglichkeiten (etwa für die Weitergabe an Entscheidungsträger) und die Erreichbarkeit. Unter Erreichbarkeit wird die zum Zugriff benötigte Umgebung (bspw. Software) verstanden. Die meisten Werkzeuge ermöglichen jedoch bereits Zugriff über einen Web Browser und sind somit sehr flexibel. Je nach Anwendungskontext können weitere Schnittstellen interessant sein, um die Kommunikation mit Softwaresystemen, die im Unternehmen verwendet werden, zu gewährleisten. (Hassler, 2012, S. 77-85).

Für die Webanalyse gibt es viele Werkzeuge. Die berühmtesten Vertreter sind Google Analytics, Etracker, Piwik, AWStats und Econda.

2.4   Conversions

Atchinson und Burby (2007, S. 66) erzählen in Ihrem Buch „*Actionable Web Analytics - Using Data to Make Smart Business Decisions.*" Von "desired behaviors". Damit definieren sie jenes Benutzerverhalten, welches sich die Betreiber einer Web Applikation von den Benutzern wünschen. Desired Behaviors beinhalten Dinge wie die Pfade, die Besucher durch die Applikation beschreiten sollen oder die Produkte, die sie kaufen sollen. Dieses gewünschte Verhalten kann für jede Web Applikation anders aussehen, wichtig ist jedoch es zu bestimmen und im Web Analytics Werkzeug zu verankern. Hassler (Hassler, 2012, S. 354) verknüpft dieses Verhalten mit dem Begriff

„Conversion", einem sehr bekannten und dennoch oft falsch interpretierten Begriff in der Web Analyse:

> *„Eine Conversion ist wörtlich eine Umwandlung. Konkret geht es um die Umwandlung eines normalen Besuchers in einen solchen, der sich so verhält, wie dies der Website-Betreiber möchte."*

Ein Benutzer, der sich so verhält, wie es der Website-Betreiber möchte, ist auch als erreichtes Ziel zu betrachten. Darum spricht man in Web Analytics bei Conversions auch von „Zielerreichungen". Conversions hatten ihr Hauptverwendungsgebiet ursprünglich im E-Commerce-Umfeld. Die Zielerreichung wird dort häufig mit einer Bestellung durch den Benutzer gleichgesetzt, weshalb oftmals auch fälschlich eine getätigte Bestellung als Definition für Conversion verwendet wird.

Wie man die eigenen Conversions definieren kann, hängt zu Teilen vom gewählten Web Analytics Werkzeug ab (Siehe 2.3 – Werkzeuge). Gängige Ziele sind beispielsweise das Ausfüllen und Absenden von Formularen, das Betrachten bestimmter Inhalte über einen festgelegten Zeitraum oder Klicks auf besondere Links und Buttons. Welche Interaktionen relevant sind und als erwünschtes Benutzerverhalten zu werten sind, ist jedoch im Individualfall zu entscheiden. (Hassler, 2012, S. 354-358).

Damit bei der Web Analyse auch Schlussfolgerungen auf wirtschaftliche Werte getroffen werden können, ist es wichtig, Conversions mit einem monetären Wert zu versehen. Es geht um den Wert des Benutzerverhaltens für das Unternehmen. Möchte man beispielsweise Benutzer zu einem bestimmten Produktprospekt führen, sollte man in der Lage sein, die Kaufwahrscheinlichkeit bei Betrachtung des Prospektes zu bestimmen und somit den Wert der Conversion „Prospekt gelesen" zu definieren (Atchinson & Burby, 2007, S.66).

2.5   ROI

Jeder Webauftritt ist eine Investition. Ein Unternehmen investiert in eine Marketingmaßnahme mit der Absicht, davon zu profitieren. Aus diesen zwei Werten, der Investition und dem Profit, lässt sich der Return On Investment (ROI) ableiten. Der ROI beschreibt, wie viel der Investor für jeden investierten Euro zusätzlich verdient. Um ihn zu berechnen, zieht man in einem ersten Schritt die Investition (cost) von den generierten Einnahmen (revenue) ab. Man erhält den Gewinn (profit). In einem zweiten Schritt dividiert man den Gewinn durch die Investition und ermittelt dadurch das Verhältnis der beiden Werte zu einander. In Analysewerkzeugen wie Google Analytics wird der ROI wie folgt berechnet: **ROI = (revenue – cost) / cost** (Clifton, 2012, S.376-377).

Falsch ist die häufig verbreitete Definition, dass der ROI beschreibt, wie viel der Investor für jeden investierten Euro zurückbekommt. Eine Investition hat sich in der Betrachtungsweise des ROI nämlich erst dann gelohnt, wenn dieser größer als 0 ist, also die Einnahmen höher ausfallen, als die Investitionssumme. Investiert man als Beispiel für ein Projekt € 1.000,- und erzielt dadurch Einnahmen in Höhe von ebenfalls € 1.000,-, so bekommt der Investor für jeden investierten Euro genau einen Euro zurück. Der ROI hingegen ist jedoch 0 (ROI = (1.000 – 1.000) / 1.000 = 0).

Der Investor profitiert erst von der Investition, wenn er mehr zurückbekommt, als er einlegt. Diese Unterscheidung ist wichtig, um die Kennzahl korrekt zu interpretieren. Der ROI beantwortet nämlich auch bereits die Frage, ob die sich eine Investition amortisiert hat, also ob das eingesetzte Kapital bereits zurückgeflossen ist. Erst ab diesem Grenzwert ist die Investition aus Sicht der ROI Analyse rentabel. Ab hier spricht man von auch einem Return (Clifton, 2012, S.376-378).

Der Return on Investment ist ein nützlicher Indikator für die Prognose der Leistung von Web Applikationen (siehe 3.4). Eine gute Web Analyse braucht aber mehr. Der ROI gibt nämlich keinen Aufschluss darüber, welchen Profit ein Unternehmen erwirtschaftet. Eine Kampagne mit kleinem ROI kann durchaus mehr Profit generieren, als eine Kampagne mit großem ROI. Das lässt sich aus dieser Kennzahl nicht herauslesen. Entscheidend ist hierbei das Volumen, also die Größe der Investition und der Einnahmen. (Clifton, 2012, S. 379).

Einer der größten Vorteile von Web Analytics ist die Echtzeitanalyse. Daten können zu jedem Zeitpunkt abgerufen und ausgewertet werden. Um den ROI in Echtzeit analysieren zu können, verwenden Werkzeuge wie Google Analytics unter Anderem Werte wie Cost per click, Cost per action, die Gesamtkosten einer Kampagne aber auch Werte wie customer lifetime value[1] und Produkt spezifische

---

[1] Beschreibt, wie viel Umsatz ein Kunde dem Unternehmen in seiner Kundenlebenszeit bringt.

Werte. All diese Kennzahlen fließen in die Echtzeitberechnung des ROI ein und helfen dabei vorherzusagen, ob und wann sich eine Kampagne auszahlen wird bzw. wie hoch die Einnahmen ausfallen werden. Da diese Werte zu Teilen selbst definiert werden können, kann die Analyse auch für taktische Entscheidungen herangezogen werden (Peterson, 2004, S. 86).

3 Faktengetriebene Maßnahmenfindung

Dieses Kapitel beschäftigt sich mit dem Wandel der Planung und Optimierung von Kampagnen. Mit den Mitteln, die uns heute für online Kampagnen zur Verfügung stehen, ist es uns möglich Maßnahmen zu treffen, die auf klaren Fakten und Zahlen basieren und auf diese Weise den Unternehmenserfolg bestmöglich beeinflussen.

> „… the Web offers opportunities that good businesses can't afford to ignore. Because we can measure the performance of our sites so precisely and change them so easily, we can say goodbye to the traditional way of planning projects …" (Atchinson & Burby, 2007, S. 32).

3.1 Ziel und Zweck einer Kampagne

Ein zentrales Kriterium für erfolgreiche Web Analyse ist das Wissen über die Zielvorgaben einer Kampagne. Nur, wenn das zu erreichende Ziel klar definiert ist, können die richtigen Werte betrachtet werden. Vereinfacht dargestellt kann man 100m Sprinter mit dem Maßband verfolgen und die zurückgelegte Distanz messen. Sinnvoller ist es aber, mit einer Stoppuhr die Zeit des Laufes zu messen. Nur wenn man sich der KPIs bewusst ist, kann man Web Analytics sinnvoll betreiben.

Das Ziel von Web Analytics ist es, Wissen über den Betrieb einer Web Applikation zu erlangen, auf dessen Basis man Maßnahmen zur Verbesserung der Applikation treffen kann. Es ist wichtig, die eigenen KPIs zu definieren und zu kennen. Es gilt, den Erfolg messen zu können und zu wissen, welche Kennzahlen Auskunft über den Erfolg geben und welche nicht. KPIs reduzieren die große Fülle an vorhandenen Daten auf wenige umsetzbare Informationen. KPIs müssen dabei nicht immer monetären Wert haben, es kommt auf das Ziel und den Zweck der Kampagne an. Wesentlich ist auch die Verknüpfung zu den Unternehmensdaten. KPIs gehen über die Web Applikation hinaus, sie verbinden den Kontext der Web Applikation mit der Unternehmensstrategie. Deshalb müssen Analysten erheben, wie sich das Benutzerverhalten auf der Web Applikation auf die Unternehmensziele auswirkt. (Clifton, 2012, S. 12; Atchinson & Burby, 2007, S.65; S.72-75).

Erreicht eine Web Applikation eine gewisse Größe, kann sie auch mehreren Zwecken dienen. Handelsbetriebe etwa könnten über ihre Website den Direktverkauf von Waren anstreben. Zur selben Zeit kann aber auch versucht werden, über die Website an Personalressourcen zu gelangen. In diesem Fall wären die KPIs zum einen die Verkaufszahlen, und zum anderen die eingehenden Bewerbungen. Ab diesem Zeitpunkt müssen sich Web Analysten nicht mehr nur des Ziels und des Zweckes bewusst sein, sondern auch der Empfängergruppe der KPI-Berichte. Werkzeuge zur Web Analyse bieten die Möglichkeit, KPI-Gruppen zu definieren, die bei einem späteren Export (bspw. In Excel) berücksichtigt werden. Analysten können dann den entsprechenden Instanzen KPI-Berichte zukommen lassen, die für diese relevant sind. (Hassler, 2012, S 381).

3.2   Optimieren mit Web Analytics

KPI-Berichte dienen nicht nur dazu, dem Management Auskunft über die Performance zu liefern, sie dienen ganz wesentlich auch dazu, die Website zu verbessern. Wenn das Ziel einer Website die Auslieferung einer Produktinformationsbroschüre (bspw. per PDF-Download) ist, und von 1000 Besuchern nur 10 diese Broschüre beziehen, besteht Handlungsbedarf. In diesem Fall kann die Web Analyse zur Verbesserung dieses Wertes beitragen. Bei der Erstellung einer Website arbeiten Designer und Entwickler nach Erfahrungswerten. Sie versuchen die Website ansprechend zu gestalten. Dabei verlassen sie sich darauf, was sie bereits kennen, was sie selbst von einer Website erwarten und auch darauf, was sie persönlich für gut und zweckdienlich empfinden. Bei größeren Projekten werden eventuell noch Usability Tests oder ähnliche Optimierungsprozesse angewandt (Reese, 2009, S. 30). Was Entwickler und Designer dabei meist versäumen ist, den Zweck der Website zu bedenken und in die Entwicklung maßgeblich einfließen zu lassen.

> *„Dabei sollte man bei der Gestaltung einer Website nie vergessen: Es wird nicht für den ‚Cyber Lion‘ in Cannes, für eine Usability-Auszeichnung oder auch nur für den Geschmack oder die Zufriedenheit der Besucher gestaltet, sondern einzig und allein für das Ziel der Website. Alles andere sind nur Mittel auf dem Weg zum Zweck."* (Reese, 2009, S. 30).

Reese weist nicht nur darauf hin, dass der Fokus auf das Ziel wesentlich für den Erfolg ist, er gibt im Weiteren auch zu verstehen, dass man vor dem Launch nur über die korrekten Maßnahmen mutmaßen kann. Diese Erkenntnis ist trotzdem ganz wesentlich, um das Potential von Web Analytics zu verstehen. Denn erst mit der nüchternen Analyse werden die bei der Erstellung getroffenen Annahmen bestätigt oder entkräftet.

In dem genannten Beispiel kann nun der Analysebericht zurück an die Designer und Entwickler geleitet werden – wieder mit den für diese Zielgruppe relevanten KPI-Berichten. Ein großer Vorteil von Web Analytics gegenüber der Analyse analoger Kampagnen ist die Echtzeit-Auswertung von Daten. Darunter versteht man, dass die Metriken bereits während der Benutzung betrachtet und verfolgt werden können. Die Designer und Entwickler haben also nun die Möglichkeit, sich schrittweise an das optimale Design anzunähern, indem sie schnelle und einfache A/B-Tests durchführen. Unter einem A/B-Test versteht man das Austauschen von Variante A mit Variante B und der gleichzeitigen Performanceüberwachung. In unserem Beispiel wird also der Button, welcher die Broschüre zum Download anbietet, andersartig designed und online gestellt. Im einfachsten Fall wird an einem Tag zu einem ausgewählten Zeitraum Variante A präsentiert, und am Tag darauf zum selben Zeitraum Variante B. Läuft der Zeitraum am zweiten Tag aus, hat man konkrete Ergebnisse, genaue Messwerte. Das Entwicklungsteam muss nicht länger seinen Erfahrungs- und Schätzwerten vertrauen, es hat nun Zahlen zur Verfügung, die ganz klar für Variante A oder Variante B, und gleichsam dem Performanceunterschied der beiden sprechen. (Reese, 2009, S. 30).

Die faktengetriebene Maßnahmenfindung ist eines der größten Potentiale von Web Analytics. Sie ermöglicht Handeln, basierend auf genauen Messwerten und Fakten, zur Optimierung einer Online Kampagne mit dem Ziel, einen besseren Beitrag zum Unternehmenserfolg zu leisten. Dass Web Analytics ohne darauf basierende Handlungen jedoch den Zweck verfehlt, darüber sind sich Clifton und Reese einig.

„Knowledge without action is meaningless." (Clifton, 2012, S.12).

„Bei Web Analytics geht es aber nicht darum, etwas zu wissen, sondern darum, zu handeln." (Reese, 2009, S. 31).

Zur Optimierung stehen neben den A/B-Tests viele weitere Hilfsmittel, wie die Analyse von Mausbewegungen, Heatmaps, Befragungen, Fokus-Gruppen, Blickverlaufsanalysen oder Usability-Tests zur Verfügung. Nicht für jeden Anwendungsfall ist dasselbe Hilfsmittel ratsam (Reese, 2009, S. 188-190).

3.3   Ursache und Wirkung

Reese (2009, S.31) definiert die entscheidende Frage in der Web Analyse folgendermaßen: „Und: Was folgt daraus?". Web Analytics bietet Aufschluss darüber, wie viele Besucher im letzten Monat eine Web Applikation besucht haben, über welche Suchmaschine sie die Web Applikation gefunden haben, wie lange sie verweilten und an welchem Punkt sie absprangen. Die entscheidende Frage bleibt aber vorerst offen.

Eine Website, die um die Bedienung von Support-Anfragen erweitert wird um das Callcenter zu entlasten, verfolgt durch diese Erweiterung ein neues Ziel. Ob dieses Ziel erreicht wird, lässt sich mit der Frage „Haben mehr Besucher eine Antwort auf ihre Frage gefunden (und nicht das Callcenter angerufen), oder nicht?" feststellen. Eine Frage, die Web Analytics Werkzeuge grundsätzlich nicht per Standard beantworten. Das Ziel einer Website (Siehe 3.1 – Ziel und Zweck einer Kampagne) unterscheidet sich meist von dem Weg dorthin. Analysten haben nun die Aufgabe, Ursache- und Wirkungsbeziehungen zu erkennen und zu beobachten. (Reese, 2009, S. 34-35). Welche Messwerte kann das Analysewerkzeug also liefern, die bei der Beantwortung der Zielerfüllungsfrage helfen? Online-Hilfe Portale wie bspw. jenes von Microsoft (http://support.office.com) bedienen sich einfacher Hilfsmittel wie einer Abfrage am Ende eines jeden Artikels in folgender Form:

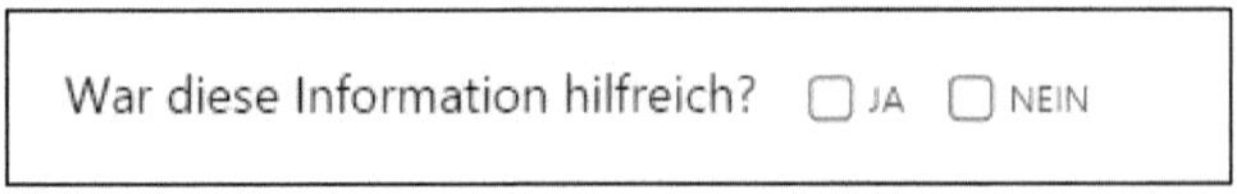

War diese Information hilfreich?   ☐ JA   ☐ NEIN

Abbildung 2 - Microsoft Office Support
(Quelle: https://support.office.com/de-ch/article/Erstellen-oder-Aktualisieren-eines-Querverweises-aa35c606-34e8-4c64-b6eb-c6321d190645)

Hier wird der Benutzer eingeladen, die Zielerreichungsfrage direkt selbst zu beantworten. Stehen solche Mittel jedoch nicht zur Verfügung, müssen Analysten die Zusammenhänge verstehen und wissen, welcher Weg zum Ziel führt. Reese (2009, S. 48) liefert dazu einen Beispielleitfaden, der für die gängigsten Ziele die typischen KPIs (in der Grafik „oberste Kennzahl"), also die Wege zum Ziel definiert:

Art des Zieles	Typische oberste Kennzahl
Vertriebskanal (Online-Shop)	Menge und Wert der verkauften Artikel
Marketinginstrument (BtoB-Seite)	Anzahl und Wert der gewonnenen Kunden-kontakte, Bekanntheit und Prestige
Werbetragend (Content-Angebot)	Anzahl Ad Impressions und Klicks auf Ads
Support-Plattform	Anzahl der erfolgreich beantworteten Anfragen

Abbildung 3 - Typische KPIs nach Zielen

Um die eigenen KPIs zu bestimmen sollte ein klarer Findungsprozess durchlaufen werden. In diesem Prozess sollen in einem ersten Schritt die Ziele der Web Applikation definiert werden. Danach soll erhoben werden, wie diese Ziele in Zahlen ausgedrückt werden können. Und als letztes gilt es zu klären, wie diese Zahlen mit Daten des Unternehmenserfolges verknüpft werden können. (Reese, 2009, S.48).

Web Analytics bedeutet demnach unter anderem, die Ursache-Wirkungsbeziehungen der Web Applikation zu verstehen, und dieses Verständnis auf die Daten, die das Analysewerkzeug ausliefern kann, anzuwenden. Analysten müssen den Weg vom Ziel unterscheiden und die Aussagen der Kennzahlen korrekt interpretieren können. Erst dann kann gemessen und beurteilt werden, ob sich die Investition in das neue System bezahlt gemacht hat.

3.4   Erfolgsbewertung

Um den Erfolg einer Kampagne bewerten zu können, muss feststehen, was Erfolg für die Kampagne bedeutet. In jedem Fall ist ein Absprung des Besuchers nicht als Erfolg zu verstehen. Die Absprungrate stellt daher eine praktische Metrik für die

Erfolgsbewertung dar. Sie gibt Auskunft darüber, wie viele Besucher gleich nach dem Besuchen der Website wieder weiter ziehen, also nicht gefunden haben, wonach sie suchten. Im Detail geben Analyse Werkzeuge auch aus, an welcher Stelle der Website die Besucher abspringen. Für die Erfolgsbewertung ist es also unumgänglich zu verstehen, wonach Besucher auf der Website suchen. (Atchinson & Burby, 2007, S. 138).

„Remember, if they leave, there's no way you can entice them into desired behaviors and increase their overall satisfaction." (Atchinson & Burby, 2007, S. 138)

Atchinson und Burby betonen die Wichtigkeit der Absprungrate, indem sie darauf hinweisen, dass ein Absprung gleichbedeutend einer Nichtumwandlung in gewünschtes Benutzerverhalten – also keiner Conversion – ist.

Nach der Analyse der Absprungrate richtet sich der Fokus auf jene Besucher, die sich länger auf der Website aufgehalten haben. Im Beispiel einer Website, die Informationen zu einem Thema oder einen bestimmten Dienst zur Verfügung stellt, könnte das zugrunde liegende Erlösmodell in Bannerwerbung liegen. Bei einem solchem Modell wird der monetäre Bezug zum Hauptkriterium für die Erfolgsbewertung. Es lassen sich Werte wie Cost-per-Click[2] oder Cost-per-Lead[3] erheben, die direkt zum Erfolg der Website und in weiterer Folge zum Unternehmenserfolg beitragen. (Meier & Zumstein, 2013, S. 75). In solchen Fällen bietet sich der ROI besonders für die Erfolgsbewertung an (siehe 2.5 – ROI). Da es aber immer auf die eigenen Ziele der Website ankommt, gibt es keine pauschale Erfolgsbewertung, die immer anzuwenden ist. Meier und Zumstein (2013, S. 223) haben in einer Expertenbefragung die Bedeutung von neun verschiedenen Zielen erhoben. Dabei waren für 79% der Befragten das wichtigste Website-Ziel die Generierung von Leads, d.h. Kontaktdaten und die Kontaktanbahnung von interessierten Besuchern, sowie die Gewinnung von Kunden. Zusammenfassend beschreiben die Autoren das Ergebnis der Befragung folgendermaßen:

„Die Gewinnung, Entwicklung und Bindung von Kunden über den Onlinekanal sind die wichtigsten Ziele von Websites, die mit Web Analytics

---

[2] Unter Cost-per-Click versteht man die Summe, die pro Klick auf ein Werbemittel vom Nachfrager an den Anbieter gezahlt wird.
[3] Beim Cost-per-Lead wird ein gewisser Betrag pro generierten Interessenten bezahlt.

überprüft werden, gefolgt von der Information, Kommunikation und Transaktion". (Meier & Zumstein, 2013, S. 223).

Die Erfolgsbewertung setzt also eine genaue Definition der Ziele (siehe 3.1) sowie das Wissen über die Wege zum Ziel (siehe 3.3) voraus. Die Literatur zur Thematik empfiehlt mehrere Wege, mit diesem Wissen eine Erfolgsbewertung durchzuführen. Ein Weg ist es, die KPIs mit Unternehmenswerten zu verknüpfen und die Erfolgsbewertung mit direktem Bezug zu monetären Werten bzw. dem ROI durchzuführen (Atchinson & Burby, 2007; Reese, 2009, Meier & Zumstein, 2013). Ein anderer Weg ist es, die Conversions hinsichtlich ihrer Effizienz zu bewerten und über die Kosten pro Conversion unterschiedliche Bereiche oder Kanäle miteinander zu vergleichen. In letzterem Verfahren werden relative Ergebnisse erhoben, die einen Bezug zu anderen Marketingmitteln (bspw. Newsletter, Google AdWords und Bannerwerbung) herstellen und somit Auskunft über den Erfolg einzelner Kanäle geben. (Hassler, 2012, S. 361).

4 Zusammenfassung und Zukunftsausblick

Das folgende Kapitel fasst die Ergebnisse der Arbeit zusammen und stellt einen kompakten Leitfaden mit Handlungsempfehlungen für Web Analytics dar. In 4.3 – Zukunftsausblick wird die zunehmende Bedeutung von Web Analytics und anderen Datenanalysen für die Zukunft behandelt.

4.1   Ergebnisse

Die wichtigsten Ergebnisse dieser Arbeit basieren auf der Zieldefinition von Web Applikationen. Die Ziele, die eine Web Applikation verfolgt, also die Gründe, weshalb in die Applikation investiert wurde, sind die Grundlage für Optimierungsempfehlungen und für die Erfolgsbewertung. Nur, wenn die Einsatzzwecke und die verfolgten Ziele klar definiert sind, können Analysten die entsprechenden Wege zu den Zielen (das sind jene Metriken, die aus den Analysewerkzeugen gewonnen werden können, die maßgeblich für die Zielerreichung sind) erkennen und beobachten. Auf Basis dieses Wissens können ständig Optimierungsversuche durchgeführt werden, wie bspw. A/B-Tests, die unter Echtzeit-Beobachtung hinsichtlich ihrer Effektivität bewertet werden können. Die Bewertung des Erfolgs basiert im Wesentlichen auf Conversions. Diese werden entweder mit monetären Unternehmenswerten verknüpft, und einer Rentabilitätsprüfung unterzogen (ROI), oder in Relation zu anderen Kanälen gesetzt und hinsichtlich ihrer Effizienz verglichen.

4.2   Handlungsempfehlungen

Um die Leistung von Web Applikationen zu messen und zu optimieren, ist es ratsam, Web Analysewerkzeuge zu installieren. Je nach Anwendungsgebiet unterscheidet sich die optimale Werkzeugwahl. Je früher Analysewerkzeuge installiert werden, desto mehr Daten stehen zur Auswertung zur Verfügung. Daher wird für diesen ersten Schritt rasches Handeln empfohlen (Siehe 2.3).

Betreiber von Web Applikationen sollten sich selbst die Frage nach dem Zweck der Web Applikation fragen. Was war der Grund für die Investition – welchen Nutzen soll die Applikation erfüllen? Mit der Beantwortung dieser Frage stehen die Ziele für die

Web Applikation fest. Auf dieser Basis sollten die KPIs der Applikation bestimmt werden. Im Analysewerkzeug sollten Conversions (siehe 2.4) implementiert werden, die die Zielerreichung überprüfen. Es ist ratsam, kontinuierliche KPI-Berichte mit KPIs, die der Empfängergruppe entsprechen, an die Interessenten auszusenden. Dazu können die KPIs in den meisten Werkzeugen gruppiert werden (siehe 3.1).

Zur stetigen Optimierung der Web Applikation sollten Designer, Entwickler und Analysten zusammenarbeiten. Mithilfe von A/B-Tests (oder anderen Hilfsmitteln) und Echtzeit-Auswertung von Benutzerinteraktionsdaten können Änderungen an der Applikation ausprobiert und faktenbasierend bewertet werden. Änderungsentscheidungen sollen dabei nicht nach persönlichem Empfinden, sondern ausschließlich auf zugrunde liegende Zahlen und Fakten getroffen werden (siehe 3.2).

Um das Ziel nicht zu verfehlen, müssen die Ursache- und Wirkungsbeziehungen der Web Applikation erkannt und festgehalten werden. Es muss klargestellt werden, welche Werte Einfluss auf die Zielerreichung haben, und in welchem Ausmaß. Die Qualität dieser Arbeit ist maßgeblich für die Wirksamkeit von Web Analytics, da eine Falschinterpretation nicht nur geringeren Mehrwert, sondern gar keinen Mehrwert oder schlimmsten falls sogar negative Auswirkungen auf den Erfolg haben kann (siehe 3.3).

Jedem Betreiber einer Web Applikation wird empfohlen, den Erfolg der Applikation ständig zu beobachten. Dazu ist es nötig, die Erfolgskriterien zu bestimmen und im Analysewerkzeug entsprechende Einstellungen vorzunehmen. Diese Einstellungen definieren die Bewertungsmethode, das Intervall der Auswertung sowie den Export und die Auslieferung an Interessenten (siehe 3.4).

Web Analytics ist ein mächtiges Controlling-Werkzeug und sollte nicht unterschätzt werden. Der Betrieb eines Web Analytics Systems ist aber erst dann wirkungsvoll, wenn die Ergebnisse genützt und in konkrete, faktengetriebene Handlungen umgemünzt werden. Dazu benötigt es Verständnis und betriebliche Strukturen, die den Betrieb und die wirkungsvolle Nutzung ermöglichen und forcieren.

4.3 Zukunftsausblick

Sven Gabor Janszky (Trendforscher) lässt in seinem Interview „Intelligente Datenanalyse für die Zukunft" (Haberich, 2012, S. 439 - 443) anklingen, dass in

Zukunft der Begriff „Daten" anders zu verstehen sein werde als heute. Der technologische Fortschritt wird situativ erhobene Bewegungsdaten immer mehr ins Zentrum rücken. Darunter ist zu verstehen, dass

> „... Geräte in der Lage sein werden, Personen und Objekte in Ihrer Umgebung sowie deren Zustand zu erkennen und durch Datenanalyse eine Prognose über deren aktuellen Zustand sowie deren aktuelle Bedürfnisse zu erstellen". (Haberich, 2012, S. 440).

Laut Janszky werden in der Zukunft maschinell erstellte Prognosen zu einer neuen Qualität im Umgang mit Geräten führen. Der intelligenten Datenanalyse wird im Internet eine zentrale Bedeutung für unsere Zukunft, aber auch für neue Geschäftsmodelle zukommen. Web Applikationen werden für die Zukunft als wesentliche Informationsquelle für situative Daten gesehen. Informationen über die Benutzer, zu welchem Thema sie sich gerade informieren, in Verbindung mit Geographischen Daten (bspw. Ortung des Smartphones während der Benutzung) und vielen anderen Daten, können in Echtzeit erfasst und in intelligente Prognosen umgewandelt werden. Janszky nennt das „das intelligente Touchpoint-Management". (Haberich, 2012, S. 439 - 443).

Neben der zunehmenden Bedeutung der Informationsgewinnung gibt es auch Trends, die die Web Analyse als Werkzeug in Zukunft beeinflussen werden. Axel Amthor sieht drei Trends, die sich zur Weiterentwicklung von Web Analytics deutlich abzeichnen: Targeting, Testing und Integration. Unter Targeting werden alle Maßnahmen zusammengefasst, die sich mit der individuellen Ansprache der Benutzer befassen. Dieser Trend wird durch die daraus erhoffte Effizienzsteigerung angetrieben. Man erhofft sich durch Weiterentwicklungen im Targeting höhere Konversionsraten. Testing umfasst die allgemeine Weiterentwicklung von Web Applikationen unter Berücksichtigung von Echtzeitmessungen des Anwenderverhaltens. Tests, wie bspw. der A/B-Test (siehe 3.2) werden nach Amthor künftig stark an Bedeutung gewinnen, da sie Vorannahmen von Designern mit klaren Fakten bestärken oder entkräften und wesentlich zum Erfolg beitragen können. Integration sieht die Verbindung von Web Analytics mit weiteren Datenquellen, wie Warenwirtschaftssystemen und CRM-Systemen vor. Durch die Ganzheitliche Betrachtung soll sich Web Analytics zu einem wichtigen Part in der Entscheidungsfindung von Unternehmen entwickeln. (Amthor, 2010, S. 10-12).

Literaturverzeichnis

Amthor, A.; Brommund T. (2010). *Mehr Erfolg durch Web Analytics – Ein Leitfaden für Marketer und Entscheider.* München: Carl Hanser Verlag

Atchison, S.; Burby, J. (2007). *Actionable Web Analytics - Using Data to Make Smart Business Decisions.* Indianapolis: Wiley Publishing

Clifton, B. (2012). *Advanced Web Metrics with Google Analytics (Third Edition).* Trent: John Wiley & Sons

Haberich, R. (2012). *Future Digital Business - Wie Business Intelligence und Web Analytics Online-Marketing und Conversion verändern.* Zwickau: mitp Business

Hassler, M. (2012). *Web Analytics: Metriken auswerten, Besucherverhalten verstehen, Website optimieren.* Zwickau: mitp Business

Kaushik, A. (2010). *Web Analytics 2.0 – The Art of online accountability & science of customer centricity.* Indianapolis: Wiley Publishing

Meier, A.; Zumstein, D. (2013). *Web Analytics & Web Controlling – Webbasierte Business Intelligence zur Erfolgssicherung.* Heidelberg: dpunkt.verlag GmbH

Peterson, E. (2004). *Web Analytics Demystified: A Marketer's Guide to Understanding How Your Web Site Affects Your Business.* Oregon: Celilo Group Media

Reese, F. (2009). *Web Analytics - Damit aus Traffic Umsatz wird.* Göttingen: BusinessVillage